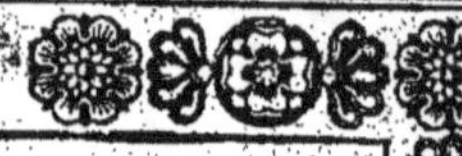

PRÉCIS
DE LA VIE
DU GÉNÉRAL
VALHUBERT,

Honneur et Patrie.

A AVRANCHES,

CHEZ { Mme Ve TRIBOUILLARD, IMPRIMEUR-LIBRAIRE, Rue des Fossés ;

E. TOSTAIN, IMPRIMEUR-LIBRᵉ, RUE DE L'ILE.

A PARIS,

CHEZ LE DENTU, LIBRᵉ, QUAI DES AUGUSTINS, N° 31.

M. D. CCC. XXXII.

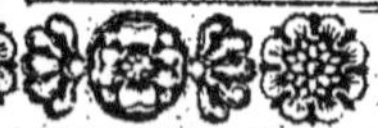

Pl.

PRÉCIS DE LA VIE

DU GÉNÉRAL

VALHUBERT.

Souvenez-vous de l'ordre du jour.

PRÉCIS
DE LA VIE
DU GÉNÉRAL
VALHUBERT,

Par son Aide de Camp.

Honneur et Patrie.

A AVRANCHES,

CHEZ {
Mᵐᵉ Vᵉ TRIBOUILLARD, Imprimeur-Libraire,
Rue des Fossés;

E. TOSTAIN, Imprimeur-Librᵗᵉ, rue de l'Ile.

A PARIS,

Chez LE DENTU, Librᵗᵉ, Quai des Augustins, Nᵒ 31.

M. D. CCC. XXXII.

AVANT-PROPOS.

En publiant le Précis de la Vie du brave et immortel Roger - Valhubert , j'ai satisfait aux devoirs d'amitié et de respect pour la mémoire d'un Général qui , en possédant au plus haut degré toutes les vertus militaires , réunissait également les connaissances les plus étendues ; j'ai espéré sur-tout présenter des traits de valeur capables d'électriser tous les Français. Je me suis donc presque borné à citer ses principaux faits d'armes.

Cte M*** D*********

PRÉCIS DE LA VIE

DU GÉNÉRAL

VALHUBERT.

Le Général Roger-Valhubert, issu d'une famille des plus considérées et distinguées de
la Normandie, naquit à Avranches, départe-
ment de la Manche. Élevé avec beaucoup
de soin, il reçut une parfaite éducation. Ses
dispositions naturelles semblaient devancer son
âge. Il est certain que le jeune Valhubert se
serait fait un nom dans les sciences, si son
goût décidé pour les armes ne l'eût ramené
sans cesse à s'occuper particulièrement de tout
ce qui pouvait un jour le faire briller à la

guerre. De très-bonne heure il avait cette résolution et cette fermeté de caractère , qui depuis ne se sont jamais démenties. Tous ses goûts annonçaient le désir de se rompre à la fatigue : intrépide nageur, sans lui plusieurs de ses contemporains auraient infailliblement péri au milieu des eaux.

Le produit de ses études et de ses méditations dégagées de toute contrainte, et dirigées vers le but unique d'un dévoûment entier pour son pays , parut avec éclat au cri d'indépendance.

Ses concitoyens , à la formation des premières Gardes nationales , lui donnèrent à l'unanimité le commandement des chasseurs. Il sut allier tous les devoirs : sa franche loyauté jointe à une attitude imposante, contribua puissamment à assurer la tranquillité à sa ville , et lui mérita une estime générale. Ces souvenirs causèrent toujours les plus doux élans à son excellent cœur.

Valhubert n'avait besoin que d'une occasion pour faire valoir sa rare capacité. Elle se présente... On demande des bataillons aux départemens : il est inscrit le premier volontaire de la Manche. Son enthousiasme est électrique. On se presse: l'amour de la Patrie est le mot de ralliement. Le premier bataillon est complet spontanément: un scrutin général lui donne Valhubert pour son véritable Commandant.

La tâche devient ici difficile pour rappeler toute l'émulation, le zèle et l'activité déployés, afin de parvenir promptement à être en mesure de combattre les ennemis de la France, qui se disposaient à envahir le sol sacré.

Dans cette situation glorieuse, rien ne fut oublié par Valhubert. Secondé par ses excellens officiers, ses amis, en peu de semaines il créa un corps admirable dont l'organisation ne laissa rien à désirer.

Cette famille armée pour la défense commune, offrait un ensemble, une ardeur martiale dont le Chef dirigeait habilement l'action. Toutes les prévisions furent combinées avec une justesse d'esprit qu'il ne cessa de conserver dans les occasions les plus périlleuses : aussi les présages de glorieux succès entourèrent ce brave et magnanime premier bataillon de la Manche, composé en entier d'une élite d'espérances sociales.

La France armait également ses enfans sur tous les points. Il n'existait pas un seul hameau qui n'eût ses défenseurs. Que d'efforts généreux, que de motifs de réflexions profondes sur une époque dont les souvenirs seront toujours des garanties de droit et de fait pour l'avenir de la Patrie !

Le premier bataillon de la Manche, réuni à Avranches, était exercé sans cesse ; la bonne volonté se manifestait avec un succès prodigieux. Le maniement des armes, les manœuvres, les marches, tout ce travail était un jeu recherché par tous, avec l'activité française. On voulait surpasser les anciens régimens !....

Le Commandant Valhubert, avait momentanément compté dans leurs rangs, et en avait saisi le mécanisme, et la plus entière connaissance du service. Il put donc, en méditant, améliorer le système suranné, et mettre à profit, dans cette circonstance difficile, toutes les observations dont son génie militaire savait tirer parti.

Aussi, après trois mois de formation, son bataillon, armé et équipé parfaitement, était en route pour se rendre au camp sous Lille.

Les Autrichiens semblaient menacer cette grande et importante place de guerre. On y formait un corps d'armée dépendant de celui de Custine.

Le Général de la Bourdonnaie eut le commandement d'une Division dont le 1.er de la Manche fit partie.

En passant à Caen, le bataillon reçut quelques jours de repos. Plusieurs corps nationaux s'y trouvèrent également : on fit prendre les armes ; et, dans cette réunion, on put aisément remarquer le résultat des soins que le Commandant Valhubert n'avait cessé de lui donner. Une belle tenue, et le plus grand ensemble dans les mouvemens, lui valurent les éloges flatteurs des autres chefs de bataillon.

Moreau qui commandait alors le 1.er d'Ille-et-Vilaine, fut le plus actif admirateur de ses camarades de la Manche. Il ne pouvait assez témoigner son contentement en parcourant leurs rangs. L'attitude, la perfection de chaque détail, rien ne lui échappait. Son étonnement était exprimé en termes positifs et du plus vif intérêt.

Valhubert, à son arrivée à Rouen, fut

accueilli avec la cordialité accoutumée. Son
corps s'était à peine mis en bataille, que des
acclamations prolongées le saluèrent, et chacun enviait le bonheur de fêter d'aussi magnanimes volontaires. La fraternité et les vi-
vat les attendaient par-tout. Leur rigoureuse
discipline devenait encore plus austère par
le serment qu'ils avaient contracté sous le
Drapeau, de marcher à la gloire, et d'être
toujours les dignes défenseurs de la Patrie,
dans toute l'étendue de cette généreuse expression.....

Dans le meilleur ordre, et sans qu'il
manquât un seul homme, le bataillon arriva
à Lille, où ces braves jeunes militaires ne
tardèrent pas à se signaler dans diverses
rencontres avec l'ennemi. Plusieurs de leurs
détachemens eurent des avantages marqués :
le Commandant s'en servit avec succès pour
alimenter l'émulation qui animait ses vaillans
soldats.

L'ennemi, infiniment supérieur en nombre
aux Français, força, par une combinaison
d'attaque, les camps en avant de Lille, de
se lever et de rentrer dans la ville. Le premier bataillon de la Manche soutint glorieu-

sement la retraite des régimens dans ses murs. Il couvrait la marche, et ses manœuvres précises, sous le feu des Autrichiens, étonnèrent tellement leurs vieux régimens, qu'ils ne s'approchèrent qu'avec la plus grande circonspection des pelotons qui, sur une chaussée, tiraient successivement comme s'ils eussent été au champ d'exercice, avec un calme et une régularité tels, que les étrangers en surent apprécier toute l'importance. Valhubert ne rentra que lorsqu'il eut la certitude que l'intégrité des hommes et du matériel étaient en sûreté.

Pendant le bombardement, le Commandant Valhubert ne cessa de rendre les services les plus signalés. Au conseil de guerre, comme dans les sorties, son caractère et sa détermination furent couronnés par de réels avantages; enfin, le courage que la garnison avait montré dans la défense de cette ville, força l'armée autrichienne, en levant le siège, de fuir une troupe qui, naguères enfermée, reprenait l'offensive.

Chargé de poursuivre l'ennemi, de le harceler, Valhubert exécuta ses instructions avec habileté; il s'empara de plusieurs canons et d'une grande quantité d'attirail de siège, fit de nombreux prisonniers, enleva des magasins, détruisit les ouvrages, et ne laissa aucun repos aux ennemis, qui rendirent hautement justice au talent déployé journellement par le jeune Commandant.

Le onzième jour de la levée du siège est un beau fait d'armes pour le 1.er bataillon de la Manche.

Le Général de la Bourdonnaie, qui avait une confiance entière dans le Commandant et dans ses soldats, leur avait confié l'avantgarde : par une attaque de flanc, ils forcèrent l'ennemi à se retirer jusque derrière la forte position de Pellinberg; une faute d'un corps de la division, et dont l'ennemi profita, le força à une retraite aussi vive que sa marche avait été rapide. Un plateau couvrait la route, les Autrichiens y étaient déjà rendus avec du canon. M. de la Bourdonnaie jugea bien que ce poste devenait important à reprendre, pour donner le temps à son corps d'armée de retrouver l'ensemble, si nécessaire, sur-tout dans une marche rétrograde; il donna l'ordre au chef Valhubert de marcher sur ce point, de l'enlever et de s'y maintenir. L'ennemi, deux fois plus nombreux, était déjà en bataille; et cette troupe de grenadiers hongrois, forte de 1500 hommes, et appuyée de 4 canons, ayant obtenu un commencement de succès, conservait l'attitude la plus ferme.

Le bataillon de la Manche arrive l'arme au bras. Étant en colonne sur la grande route, le déploiement ne put se faire que sous le feu de l'ennemi; cependant il s'opéra avec ordre et promptitude. Une harangue courte, mais énergique, donna le signal de l'attaque.

Sous un feu terrible de mousquetterie et d'artillerie, le bataillon monte au plateau avec le plus grand calme; les blessés sont oubliés pour un moment: on se serre, et pas un seul coup de fusil ne répond aux nombreuses décharges de l'ennemi. A trente pas, le chef Valhubert commande feu: croiser la baïonnette et enfoncer cette ligne de Hongrois, est l'affaire d'un moment. La fumée occasionnée par la décharge faite avec tant de succès, donne à cette poignée de braves les moyens de frapper avec plus d'assurance. En peu d'instans tout fut tué, blessé, ou mit bas les armes: canons, drapeaux, bagages restèrent au pouvoir du bataillon, qui garda cette position jusqu'au moment où le Général de la Bourdonnaie vint témoigner sa satisfaction de la manière la plus flatteuse et la plus méritée, et ordonna au Commandant de continuer à suivre l'ennemi. Le Général, embrassant Valhubert, lui exprima sa profonde admiration pour ses jeunes compagnons qui s'étaient couverts de . gloire dans cette affaire importante et décisive pour la journée.

« Vous avez, disait-il, sauvé une partie de
» l'armée par votre courage et votre coup-
» d'œil étonnant; la défaite de l'ennemi est
» certaine : aujourd'hui la Patrie contracte
» envers vous une dette immense ».

Après avoir assuré le transport des blessés, Valhubert poursuivit les ennemis sans relâche jusqu'à la fin du jour, et fit encore de nombreux prisonniers.

Le rapport du Général en chef, adressé à la Convention nationale, sur une affaire d'un résultat aussi avantageux, fit décréter que six cents hommes de recrues volontaires seraient immédiatement dirigés sur ce corps que le Chef avait rendu invincible.....

L'ennemi, après avoir essuyé une longue

série de revers, eut ensuite quelques avantages, et annonça l'intention de marcher sur
le Quesnoy, en menaçant à la fois plusieurs
autres places. Le bataillon de la Manche fit
partie de sa garnison, et peu de jours après
son entrée dans ses murs, les Autrichiens en
formèrent le blocus et commencèrent un siège
en règle.

Il serait difficile de peindre le courage que
déploya Valhubert pendant toute sa durée. Le
commandement de la basse ville lui ayant été
confié, il prit des moyens sévères, cependant
indispensables, pour faire conserver une rigoureuse discipline au bataillon adjoint au
sien pour la défense de ce poste. Enfin, après
avoir supporté, pour la conservation de cette
ville de première ligne, toutes les privations
qui dénotent une constance héroïque, dans
une défense opiniâtre, où les sorties multi-
pliées, l'emploi de la science et de la force
d'esprit furent toujours en action; où rien ne
fut épargné pour gagner des jours, ensuite
des heures... Mais des brêches nombreuses
existant par-tout; les assauts pouvant alors être
tentés sur plusieurs points à la fois, et n'ayant
plus d'espoir de secours, le conseil de guerre

décida à l'unanimité que le Quesnoy, réduit à un état de ruine complète, devait se rendre. Les débris de cette garnison capitulèrent, et on rendit la ville à l'armée autrichienne.

La garnison prisonnière fut conduite en Hongrie. Jamais route n'a été plus pénible. Cette malheureuse troupe, manquant de tout, encombrait les hôpitaux de l'Allemagne. Elle fut embarquée, par détachemens, sur le Danube, et on lui fit descendre ce fleuve jusqu'à Pest. Valhubert avait le cœur navré de voir ses malheureux amis dans une situation aussi déplorable. Étant parvenu à soustraire à la vigilance des officiers autrichiens une caisse d'épargnes, il en fit la répartition entre tous ses volontaires. La veille de la reddition du Quesnoy, il leur distribua également ce qui restait d'habillement en magasin ; de sorte que le soldat se trouva le moins mal qu'il lui fut possible, dans cette circonstance critique.

Quand il s'agissait du sort de ses compagnons d'armes, aucune considération ne l'arrêtait. Malgré la résistance intéressée des subalternes, il parvint, dans cet horrible trajet, à s'adresser aux premières autorités ; souvent il obtint quelque soulagement aux maux de toute nature déversés, avec une barbare recherche , sur cette brave jeunesse : pendant que les prisonniers ennemis étaient amicalement traités en France , et qu'ils devenaient , en quelque sorte , membres de chaque famille , le plus touchant accueil leur étant constamment accordé !

La moitié de ce qui avait été pris au Quesnoy , arriva à Bude et à Pest , dénué de tout. On garda sévèrement, dans des casernes fermées , les officiers et les soldats : elles furent ainsi d'infectes hôpitaux où périrent de misère un grand nombre de nos illustres défenseurs !...

Le chagrin et les malheurs, au lieu d'unir les hommes, les aigrissent presque toujours : les prisons de la Hongrie en furent une évidente preuve. L'énergie intarissable de Valhubert servit à ramener souvent le calme parmi ces intéressans prisonniers de guerre, et à reformer le faisceau d'union, qui, même en captivité , constitue la force et en impose à tous les oppresseurs !...

Après une captivité de deux ans, un cartel d'échange, dans lequel il se trouvait compris , ainsi que les débris de son bataillon , arriva au gouverneur de Pest ; Valhubert reçut l'ordre de se rendre directement à Paris, et y arriva au commencement de l'an 3, sa santé très-délabrée des suites d'une maladie contractée dans ces odieuses casemates des autrichiens.

Le premier bataillon de la Manche fut embrigadé dans la 28.ᵉ de ligne. Le Commandant Valhubert remplit ses fonctions de Chef de bataillon jusqu'au moment où le Directoire exécutif le promut au grade de Chef de brigade, le 26 fructidor an 5.

Sous ses ordres la 28.ᵉ reçut une nouvelle organisation, qu'il améliora sensiblement. En très-peu de temps il la fit même distinguer des autres corps qui composaient l'armée de l'intérieur, par sa tenue et sa discipline.

Les services qu'il rendit à Paris sont inimaginables. Militaire actif et bon citoyen, il sut réunir toutes les affections. Que d'occasions il trouva d'appuyer le mérite, de soulager le malheur, d'empêcher l'injustice, de protéger sur-tout ses compatriotes ! Tous rencontraient en lui un ami sûr, zélé et infatigable. Beaucoup d'entre eux, sans nul doute, éprouveront toujours un vrai bonheur à se rappeler ces titres

indestructibles d'une inaltérable reconnaissance.

Ce fut à la fin de l'an 5, que le Chef de
brigade reçut l'ordre de conduire son corps
à l'armée d'Helvétie.

En se rendant en Suisse, la 28.ᵉ était au
grand complet et ne laissant rien à désirer.
Dès son arrivée, elle fut destinée à passer en
Italie, lorsque le Maréchal Masséna en ordonna autrement. Elle dut entrer dans le
Vallais, et augmenter une division déjà formée pour cette expédition. Il s'agissait de jeter
au-delà des montagnes un corps assez considérable de paysans armés, et protégés par
huit à dix mille Autrichiens, sous les ordres
du Prince de Rohan. La conquête du Vallais
devenait d'autant plus essentielle, que l'éta-
blissement des Français dans ces montagnes
liait les opérations de trois armées. L'attaque
fut donc résolue et exécutée aussitôt. La 28.ᵉ
se distingua et poursuivit les Autrichiens, en
balayant les diverses vallées qu'elle devait par-
courir, et triompha de tous les obstacles.

En vain des montagnards exercés depuis
long-temps, voulurent-ils se servir de tous les
moyens possibles pour résister à une si brusque

et vive attaqué : la destruction des chemins et des ponts, la chûte des rochers, la défense des ravins ; tout était surmonté avec cette admirable valeur, qui fut toujours le partage de ce corps.

Le 23 prairial an sept était un souvenir délicieux pour Valhubert. Dans une marche afin de joindre l'ennemi dans la vallée de la Vispa, au passage de la Gamsa, près son embouchure dans le Rhône, un soldat de sa demi-brigade est enlevé par la rapidité du courant. Il faut avoir parcouru les pays de montagnes pour se faire une idée exacte de la grande difficulté de donner du secours dans un cas pareil ; aussi aucun des cinq cents hommes, qui se tenaient mutuellement pour éviter le sort de leur camarade, que le hasard venait de faire détacher de son rang, n'osait aller à son aide. Le Colonel Valhubert s'élance, et parvient à retirer de l'eau le soldat, dont la perte paraissait infaillible !... Quel dut être son extrême bonheur, d'entendre le bataillon tout entier, du milieu du courant où il s'était arrêté, lui témoigner sa reconnaissance par un cri pur et d'allégresse !...

Cette même journée du 23 prairial mérite

également d'être citée dans les fastes militaires. Valhubert se trouvait dans une position
extraordinaire : ses avant-postes avaient
reçu un ordre direct du Général d'attaquer,
sans qu'on eût pu lui en faire donner
avis. Les postes de la 28.ᵉ éprouvaient déjà
un désavantage sensible, lorsqu'une fusillade
assez vive lui annonça que l'on était aux prises
avec l'ennemi. Il arrive à temps. Un pont qui
servait aux communications des détachemens,
devenait le but de l'ennemi; il fallait le franchir : les officiers et soldats qui suivent le
Colonel sont percés de balles; seul il le tra-
verse, donne ses ordres; les postes les plus
éloignés se retranchent : 40 hommes seulement sont dans la direction du pont; il leur
fait faire une retraite comme en désordre;
800 chasseurs ennemis les poursuivent, en
abandonnant l'attaque des autres postes :. le
Colonel a assez d'avance sur l'ennemi pour
réunir facilement ses 40 hommes derrière
une chapelle en ruine; il défend de tirer; un
tambour est près de lui. Par un grand bruit,
ces 800 hommes annoncent leur arrivée; au
moment où ils débouchent, le Colonel commande feu, fait battre la charge, s'élance

avec ses 40 soldats : tout est exterminé ou met bas les armes. Quelques hommes suffisent pour diriger les prisonniers : le Colonel retourne à ses postes au-delà du pont, pousse les gardes ennemies qui veulent d'abord disputer le terrein, espérant le retour de leur corps de chasseurs ; mais qui, dans un désordre comparable à leur étonnement, se reploient, avec une grande perte, sur leur formidable position du Simplon.

L'attaque du Simplon fut donc fixée au 28 thermidor an 7, et le Colonel Valhubert chargé de l'exécution de ce plan important. Le Prince de Rohan avait fait fortifier ces montagnes, briser les seuls ponts qui servaient à franchir les ravins, qui devenaient, par conséquent, des fossés d'un passage presque impossible.

Dans une conférence qu'il avait eue avec le Général commandant, Valhubert avait démontré l'impossibilité de rester plus long-temps dans la position où il se trouvait, sans chasser l'ennemi de la chaîne du Simplon. Il était convenu avec le Général de prendre tous les moyens qu'il jugerait nécessaires afin d'arriver à ce but tant désiré. Son plan d'attaque fut approuvé en tous points, et l'exécution confiée à son discernement et à son intrépidité bien connus. Il envoya deux compagnies de sa demi-brigade sur les flancs du corps autrichien, choisit un Officier * très-expérimenté pour les commander : il avait donné l'ordre de battre le pays, d'inspirer de la terreur aux habitans ; de faire chaque nuit beaucoup de feux sur les montagnes, afin de donner lieu de croire à l'ennemi que cette petite troupe devait être la tête d'une colonne considérable. Ces instructions furent parfaitement exécutées; les postes avancés des autrichiens se replièrent avec diligence devant ce détachement, qui fut présenté au Prince de Rohan comme une nombreuse division française qui cherchait à le tourner. Les sentiers ne permettent que rarement à deux hommes de marcher de front, et les sinuosités de ces chemins empêchaient presque toujours d'apercevoir la queue de la colonne, que les chasseurs ennemis crurent alors bien prolongée.

Le Prince de Rohan se hâta de réunir ses troupes, dégarnit son camp retranché,

* M. le Capitaine Lefranc, de Mortain.

et marcha fièrement à la rencontre de cette
prétendue division. Il retira au moins 1200
hommes des divers postes couronnant le Simplon , et donna entièrement dans le piège
qu'on lui tendait.

Le 17 thermidor , vers la fin du jour ,
Valhubert eut la certitude d'avoir opéré une
diversion. Il se mit aussitôt à faire la reconnaissance des sentiers et des ravins, et à com-
biner en tout ses moyens d'attaque pour le
lendemain. Un de ses Adjudans major*, qui
l'accompagnait dans la visite du principal es-
carpement , découvrit un arbre à peine d'un
pied de diamètre , mais qui fut jugé de lon-
gueur nécessaire, à servir de pont pour effec-
tuer le passage. Un poste assez considérable
fut placé près de la pièce de bois qui , dans
cette position, devenait de la plus grande importance. Il réunit à son cantonnement ses
Chefs de bataillon et plusieurs Officiers**, et
leur communiqua ses ordres , en indiquant

* M. Bourotte, devenu Colonel.

** MM. Taupin, Vivenot, Robillard, de Mortain, etc.
Les deux premiers ont eu des sabres d'honneur , et
ont été tués Lieutenans-Généraux.

un point de réunion pour quelques instans
avant le jour.

Placée avec intelligence, l'artillerie ennemie
balayait facilement tous les débouchés qui
conduisaient au principal ravin. Le passage ne
pouvait donc s'opérer que sous un feu très-
meurtrier ; car l'ennemi, s'apercevant à la
pointe du jour du mouvement de la 28.°, fit
descendre des troupes, dans l'intention de
soutenir par leur feu celui des pièces, qui
rasaient la rive du torrent, sur laquelle la
demi-brigade s'était déjà rendue en colonnes.

Pendant que nos grenadiers travaillaient à
jeter l'arbre en travers du grand ravin, les
tirailleurs avaient engagé une vive fusillade
avec les Autrichiens : nos soldats, profitant du
voisinage de grosses roches pour se couvrir,
et tirant de fort près, empêchaient que les
ennemis n'incommodassent beaucoup les tra-
vailleurs. Enfin l'arbre est placé ; un soldat se
présente pour le passer ; il est tué : successivement ceux qui le suivent sont renversés.
Cependant on suit avec rapidité ; quelques
hommes parviennent à arriver à l'autre bord :
le Colonel les a suivis ; ils s'élancent sur les
Autrichiens, les font prisonniers et se rendent

maîtres de la plate-forme, où se trouvaient plusieurs canons. Le passage entier dès-lors s'exécute, et le Colonel donne le temps à son monde d'arriver. Jugeant le nombre suffisant, il dispose sa troupe de manière à attaquer presque tous les retranchemens à la fois; il en donne promptement l'ordre, et marche lui-même à l'endroit le plus escarpé. Le soldat imite son intrépidité; en un clin-d'œil toutes les batteries inférieures sont enlevées; la sommité oppose une grande résistance; car les Autrichiens qui avaient fui à la prise de chacune des batteries inférieures, avaient grossi le nombre de ceux qui la défendaient.

Maître des premières positions, le Colonel veut rendre sa victoire complète. Il rassemble sa demi-brigade, en forme des colonnes; et, profitant des énormes rochers qui semblent suspendus au milieu de ces abîmes, les gravit en essuyant un feu terrible; mais, en passant d'une roche à l'autre, ses troupes se trouvent presque toujours couvertes; de sorte qu'il ne perd que peu de monde pour parvenir au dernier retranchement. Les premiers arrivés s'élancent avec ardeur dans cette vaste redoute, et se font jour, avec leurs baïonnettes, au milieu des rangs qui en défendent l'approche. Toutes les colonnes suivent cet exemple avec enthousiasme; plus de 2000 hommes mettent bas les armes.... Il y eut, en outre, plusieurs centaines d'ennemis tués ou blessés dans cette escalade, qui aurait été encore plus sanglante pour les Autrichiens, si Valhubert n'eût fait pénétrer dans le fortin par toutes les faces à la fois.

Jamais entreprise de cette nature ne fut conduite et exécutée avec plus de courage. Le génie militaire s'y déploya dans toute sa grandeur. 2400 prisonniers, des drapeaux et des canons, qui avaient été mis en batterie avec la plus grande difficulté; la dispersion totale de cette foule de paysans armés, et un nombre incalculable de morts et de blessés, furent le résultat de ces gigantesques combats.

La prise de cette redoutable position nous assurait les différentes vallées qui, toutes sont commandées par le Simplon, devenu imprenable étant défendu par l'Officier habile qui l'avait enlevé en développant la plus rare capacité. Ce triomphe est devenu, pour la France et pour lui-même, le surcroît d'une impérissable gloire.

Cette victoire fit un prodigieux effet sur le moral des Autrichiens, et contribua positivement aux grands succès du 1.ᵉʳ Consul, qui allait conquérir l'Italie à Marengo.

La 28.ᵉ demi-brigade de ligne fut désignée pour faire partie de l'armée de réserve ; elle en forma l'avant-garde et se trouva à l'attaque des forts de Bart et de tous les retranchemens de la vallée d'Ivrée, qu'elle enleva d'assaut.

À Stradella, le 17 prairial an 8, ce corps eut l'honneur d'être choisi par le 1.ᵉʳ Consul, pour passer le Pô de vive force.

Le brave Valhubert arriva un des premiers sur l'autre bord. Ses trois bataillons une fois formés, il enfonça et culbuta l'ennemi, qui défendait la rive opposée, lui tua beaucoup de monde, fit un nombre considérable de prisonniers, enleva plusieurs pièces d'artillerie et caissons, et assura ainsi un passage facile à l'armée entière.

Le surlendemain de cette action, le Colonel Valhubert, avec 150 hommes, poursuivait 1200 Autrichiens sur la route de Broni. Son impétuosité naturelle le porta à devancer son détachement. De l'autre côté de la ville, et déjà éloigné de son monde qui, cependant, traversait Broni au pas de charge, il se trouve séparé, seulement par une haie, d'environ 200 des leurs : il leur ordonne de se rendre. Les ennemis jettent leurs armes : entendant que le bruit des caisses est encore éloigné, ils les reprennent, couchent en joue le Colonel qui, faisant franchir la haie à son cheval, tombe au milieu d'eux ; mais, prompt comme la foudre, il s'élance au Commandant, et le saisissant au collet, en lui appuyant la pointe de son épée sur la poitrine, lui en impose au point de demander quartier pour lui et ses soldats : ils se rendent tous !... Le détachement débouche alors de Broni ; et ces braves de la 28.ᵉ trouvent tout naturel de voir tant d'hommes désarmés par le seul regard de leur Chef : cette action eut lieu le 19.

Le 20, le 1.ᵉʳ Consul fit attaquer l'ennemi dans sa position de Montebello. La 28.ᵉ se porta à la tête de l'avant-garde, commandée par le Général Lannes. Ce corps, chargé continuellement vers sa droite par la cavalerie, était en même-temps inquiété à sa gauche par une vive fusillade, et par le feu d'une nombreuse artillerie. Le Colonel disposa son monde de manière à faire face par-tout à l'ennemi, lui prit un régiment entier, des canons et des caissons. On le vit, à la tête de ses grenadiers réunis, charger à la baïonnette la cavalerie autrichienne ; et lorsque celle-ci voulait se replier, un feu roulant l'écrasait.

Le Général Lannes, voulant peindre son admiration à cette brave troupe, lui tint ce discours le lendemain 21 prairial :

« *Je me suis trouvé dans bien des affaires ;* » *mais vous êtes les plus braves gens que j'aie* » *jamais vus : vous avez étonné l'armée... l'enne-* » *mi tremble encore*» !...

Le 23 du même mois, jour de la célèbre bataille de Marengo, le Colonel Valhubert eut de nouveau occasion de prouver combien sa témérité était jointe à une grande connaissance de son métier. Ses trois bataillons occupaient l'extrême droite de l'armée. Dans une plaine immense, l'artillerie et la mousquetterie devaient nécessairement faire de grands ravages; cependant rien n'altéra le sang-froid de la 28.º de ligne. Elle resta ferme, et flanqua l'armée jusqu'au moment où elle se trouva seule, entourée d'escadrons ennemis, qui manœuvrent et la cernent, en la chargeant sur chaque face.

Le Colonel avait suivi leur mouvement et formé un carré, qui devint une citadelle mobile, et qui, commandé par un tel homme, ne pouvait jamais capituler. Sept heures de suite il est environné par toute la cavalerie ennemie : il est blessé ; la poudre manque à sa demi-brigade : cependant il est toujours à cheval, et contient, dans la vaste plaine de Marengo, jusqu'au moment décisif de la bataille, une grande partie des escadrons autrichiens, qui ont tous éclairci leurs rangs, en voulant trop approcher de ceux de la 28.°....

Le carré inexpugnable fut souvent réduit à marcher sur chaque face alternativement, pour se désencombrer des morts, des blessés ennemis et de leurs chevaux. Les efforts de la cavalerie autrichienne furent tous portés sur ce point ; c'était un duel à mort : l'acharnement était complet. D'audacieux Chasseurs-de-Bussy, entr'autres, venaient tomber jusques dans nos redoutables baïonnettes. Les blessés ennemis étaient placés dans ce carré formidable ; ils y furent tous conservés et pansés comme les enfans de la France. Résistant aux prières de ses fiers soldats, et malgré la perte de son sang précieux, Valhubert ne voulut recevoir les secours de ses chirurgiens que le dernier de tous!.. A minuit il fut pansé, et la première balle l'avait atteint à huit heures du matin!... Il eut donc une part des plus brillantes au succès de cette bataille décisive.

Les suites de cette mémorable victoire assurant du repos à l'armée française, des cantonnemens lui furent assignés, et la 28.ᵉ eut successivement la garde de plusieurs villes importantes en Italie.

A Parme, à Plaisance, à Modène, Valhubert fit honorer son magnanime caractère. Entouré d'une haute estime, il la devait à la loyauté de ses principes : il n'épargnait rien pour donner une bonne et durable opinion des Français. Aussi était-ce un véritable deuil pour les villes qu'il devait quitter : de nombreuses lettres, dictées par la reconnaissance, lui furent adressées, au nom des plus grandes cités d'Italie, par leurs magistrats.

Le Colonel prenait tous les moyens imaginables pour améliorer le sort du soldat : ses veilles, son but unique étaient le bien de sa demi-brigade. Le Général Lannes lui ayant enlevé ses militaires les plus grands, et beaucoup d'officiers et sous-officiers, pour former la garde consulaire, il mit tout en œuvre pour compléter les cadres.

Les différens dons que le Premier Consul lui avait faits, retournèrent à ce brave corps, fournirent des habits qui furent confectionnés avec soin : la partie de l'armement reçut les complémens nécessaires ; tout fut réparé ou remplacé, presque sans moyens extérieurs. Il rassembla des ouvriers dans la 28.ᵉ, et fit changer aux fusils les pièces défectueuses ; enfin, il porta les armes au complet. Les officiers eurent, par son organe, l'avancement que leur service méritait ; les blessés, les veuves et les orphelins des pensions, et souvent des emplois convenables. Tant de soins mirent sa demi-brigade à même de cueillir de nouveaux lauriers dans la campagne de l'an 9, qui s'ouvrit pour elle de la manière la plus honorable.

La 28.ᵉ exécuta diverses marches et contre-marches, avec une célérité inconcevable, et en conservant un tel ensemble, que les ennemis ne purent en suivre les mouvemens, jusqu'au 4 nivôse, où elle reprit son poste habituel de l'avant-garde, afin d'exécuter de vive force le passage du Mincio.

Valhubert se jette dans la première barque avec ses grenadiers, et s'élance un des premiers sur l'autre bord. En faisant entretenir une fusillade, il donne le temps à ses bataillons de passer successivement et de se former pour marcher à l'ennemi qui s'ébranlait, et dont les avant-postes avaient été culbutés par ses grenadiers Plusieurs demi-brigades étant aussi passées, la ligne s'établit, et l'affaire devient vive. La cavalerie ennemie cherche à entamer la 28.ᵉ, dont la bonne contenance ne donne aucun moyen de la charger avec succès. Le feu terrible de sa mousquetterie remplit de morts et de blessés la plaine de Pozolo, où la cavalerie autrichienne avait manœuvré avec assez d'audace. L'infanterie voulut venger sa cavalerie, et marcha plusieurs fois à la baïonnette, avec l'apparence de l'intrépidité : tout semblait devoir plier devant des forces aussi considérables. Lâ 28.ᵉ repoussait par-tout l'ennemi, l'écrasait par un feu meurtrier, et lui faisait toujours un grand nombre de prisonniers. A chaque charge, tout ce qui se présenta devant son front, fut tué ou mit bas les armes. Le Colonel, l'âme de ces succès, était par-tout, donnait ses ordres avec célérité, et profitait, avec son grand talent ordinaire, du moindre mouvement de l'ennemi, soit pour l'attaquer, soit pour résister aux attaques que les Autrichiens répétèrent cent fois dans le combat terrible de Pozolo.

En faisant un commandement, Valhubert est renversé de cheval par un boulet : on le croit tué ; mais ses ordres sont connus : pendant le combat, point de secours pour les blessés ; après l'action chacun leur en prodigue. Ses amis, ses compagnons de gloire le pleurent dans les rangs ; ses braves Chefs de bataillon, * qui connaissent sa volonté, cherchent à lui assurer au moins une sépulture sur un champ de victoire, et continuent à exterminer les ennemis. Un seul soldat ne peut y résister ; il s'approche de son Colonel : un geste impératif le renvoie à son rang. Au bout d'un quart-d'heure, Valhubert reprend un peu ses forces, et marche vers sa demi-brigade, qui célèbre son retour par une charge terrible qui complète la victoire. Il était remonté à cheval sans avoir retrouvé la voix,

* MM. Taupin, Vivenot, Boy et Bourotte.

qui ne lui revint que plusieurs mois après. On suivait alors le mouvement de son épée ; et chacun, empressé d'imiter son exemple dans cette sanglante affaire, semblait vouloir lui prouver individuellement combien on cherchait à se rendre digne d'être distingué par un tel Chef, qui méritait l'admiration entière des deux armées.

Pendant la courte durée de cette campagne, la 28.ᵉ qui avait tiré les premiers coups de fusil, ne cessa, jusqu'à l'armistice, d'être sur les pas des ennemis. Le Colonel Valhubert est cité dans tous les ordres du jour, et son nom est lié à toutes les actions d'éclat de l'armée d'Italie.

A la paix, la 28.ᵉ reçut l'ordre de rentrer en France, et fut dirigée sur Poitiers, où la population entière la reçut avec cette union de sentimens, qui tendait à rappeler tous les genres de gloire dont Valhubert avait su s'entourer en Italie et en Suisse, et qui lui donnèrent des droits à la reconnaissance d'un très-grand nombre d'habitans de la Haute-Vienne et de tant d'autres départemens.

Ayant été en garnison dans plusieurs places, la 28.ᵉ fut envoyée à Calais, où le même accueil, qu'elle avait reçu dans les précédentes garnisons, lui était réservé.

En peu de mois, l'ordre, l'économie avaient donné à ce corps la plus magnifique tenue; et, cependant, des sommes considérables étaient épargnées, au point que, lorsque le Colonel Valhubert fut nommé Officier Général, il laissa plus de 150,000 fr. en or dans la caisse secrète de sa demi-brigade.

Ce fut aussi vers cette époque que tous les officiers vinrent en corps trouver leur Colonel, auquel ils devaient, pour le plus grand nombre, leurs grades et leur illustration : leur démarche était celle d'enfans qui allaient perdre un soutien révéré. Ils s'exprimèrent avec la chaleur que donnent l'estime et l'attachement; Valhubert fut supplié d'accepter ce trésor ou masse noire, connu de lui seul, et le produit de ses veilles et de ses soins paternels. La réponse du Général est facile à prévoir. Ému comme ses camarades, il les serra tous dans ses bras, et leur dit, avec son accent de dignité et de noblesse : que, dans sa pensée, il avait uniquement destiné cet or à secourir les veuves et les orphelins, et à réparer enfin, autant que possible, tous les

évènemens funestes pour la 28.° Un état no-
minatif, qu'il offrit à leurs regards attendris,
termina sa réponse. A l'instant tout fut inscrit sur le registre du conseil d'administra-
tion, et approuvé légalement.

Ce fut une scène digne d'être appréciée
par des Français, que celle qui suivit nécessairement une action ainsi dirigée , pour
qu'après l'éloignement du Colonel, ces fonds,
jusque-là secrets , pussent arriver à leur des-
tination , d'une manière fixe et inaltérable....
Alors quel nouvel élément d'une juste et profonde vénération !...

Le Premier Consul ordonna à Valhubert
de lui envoyer la liste des militaires qui avaient
mérité des armes d'honneur : il l'expédia ;
son nom n'y figurait pas! Tous les officiers
se rassemblent spontanément , et adressent
d'instantes observations au Chef de l'État. On
représentait que le Colonel était le seul, dans
sa demi-brigade , qui méritât porter une si
flatteuse distinction : tout lui était dû , di-
saient ces vétérans intrépides....

Connaissant son dévoûment pour sa patrie,
et ses éminens services, le Premier Consul lui
décerna *un Sabre et un Brevet d'honneur.*

Nous rapportons ici textuellement ce titre glorieux, qui est destiné à traverser les siècles, et à subsister autant que les noms de tous ces fameux champs de bataille appartiendront à l'histoire.

Si la lettre suivante, qui accompagnait l'envoi de ces distinctions justement méritées, pouvait mettre le comble aux vœux de Valhubert, elle fit sur-tout pénétrer l'enthousiasme dans le cœur de ses camarades. C'est à Boulogne, où il était arrivé depuis peu avec un de ses bataillons, que lui furent envoyés ces gages décernés au nom de la France reconnaissante.

St-Cloud, le 9 nivôse an **11.**

« *Citoyen Roger-Valhubert, Chef de brigade*
» *de la 28.ᵉ de ligne, je vous envoie un Brevet*
» *d'honneur. Je n'oublierai jamais les services*
» *que la bonne et brave 28.ᵉ a rendus à la*
» *Patrie. Je me souviendrai, dans toutes les*
» *circonstances, de votre conduite à Marengo.*
» *Blessé, vous voulûtes vaincre ou mourir sous*
» *mes yeux* ».

Signé **BONAPARTE.**

Ses soldats le montraient aux habitans et aux nombreux étrangers qui profitaient de la paix pour visiter notre beau pays ; et, avec cc langage si naturel aux militaires français : « Le voilà, disaient-ils, celui qui, sous les » yeux du Premier Consul, commandait la » 28.ᵉ à Marengo ! Vous le voyez aimable, » doux, modeste, bon : c'est notre père... » un lion dans les combats ».

Le Général Duroc, en lui faisant parvenir la lettre du Premier Consul, lui annonçait que le trésorier du Gouvernement était chargé de lui compter 10,000 fr. à titre de gratification. Cette somme fut mise en réserve, et devint la caisse des veuves et des orphelins de la 28.ᵉ Ce qui fut cependant long-temps ignoré, et la découverte n'en est due qu'au hasard.

Dans une revue, trouvant les bataillons superbes, et leur instruction complète, le Premier Consul ne put s'empêcher de peindre son étonnement de voir les grenadiers sans bonnets à poil. « C'est que j'ai voulu, répliqua » Valhubert, garder, autant que possible, les » chapeaux et les plumets de Marengo... et » j'ai alors compté sur votre munificence ».

Napoléon, en riant, répondit : « Mon ob-
» servation me coûte 3oo bonnets, car je les
» donne à la brave 28.ᵉ ».

Valhubert fut nommé Général de brigade,
le 11 fructidor an onze. Le camp de Boulogne étant sur le point de se former , il fit
partie de l'armée d'expédition, et passa de la
deuxième division dans la quatrième, en conservant toutefois le commandement de son
régiment. Il se trouva donc dans tous les
bombardemens et à toutes les attaques des
Anglais , depuis la rupture de la paix dite
d'Amiens , jusqu'à la levée du camp de Boulogne.

Manœuvrier profond , le Général continua
à démontrer aux gens de l'art, que ses connaissances étaient aussi étendues sur un terrein d'exercice que sur un champ de bataille.
Cette science, connue sous le nom de tac-
tique , lui était familière dans tous ses détails , et le rendait incapable de faire faire
jamais un seul faux mouvement à ses troupes.

Le 26 prairial an douze, l'Empereur le
nomma Commandant de la Légion-d'Honneur.

La guerre avec l'Empereur d'Allemagne
allait commencer. Le Premier Consul ordonne

de diriger l'armée, par plusieurs routes, vers le Rhin: elle arrive presque ensemble. Le Général était parti du camp de Vimereux, près Boulogne, à la tête de sa brigade, composée des 64.ᵉ et 88.ᵉ régimens. Il passa le Rhin en avant de Spire. La grande armée étant formée, la brigade que commandait Valhubert quitta le corps d'armée du Maréchal Soult, et passa sous les ordres du Maréchal Lannes.

On connaît les mouvemens de la grande armée, commandée en personne par Napoléon. Des marches savantes suffirent presque pour envelopper le Général Mack dans Ulm. Au plateau de Keysersberg, comme au camp de Sefflingen, le Général Valhubert donna des preuves de son discernement militaire, qui ne l'abandonnait jamais, et contribua efficacement aux immenses succès qui conduisirent à la reddition de l'armée entière, enfermée dans cette place.

Des torrens de pluie avaient mis l'armée française dans une situation déplorable; les chemins et les terres, devenus des lacs de boue, rendaient les marches d'une extrême difficulté. Les hommes et les chevaux étaient épuisés de fatigue ; on ne pouvait allumer des feux : les approvisionnemens de tout genre manquaient , et l'éloignement des villages ne laissait apercevoir aux troupes que de bien faibles moyens de secours. Le Général Valhubert, peut-être le seul de sa brigade, avait conservé toutes ses forces physiques et son admirable présence d'esprit. Son Aide de Camp, écrasé de fatigue, à la fin de cette première journée de l'attaque d'Ulm, entre, à la nuit, dans une grange, où s'entassèrent immédiatement des militaires de toutes armes. Par un évènement inconnu, le feu prend à cette masure ; et l'épuisement était tel, que personne ne songeait à fuir. Le Général se précipite ; l'éclat de l'incendie lui fait reconnaître son Aide de Camp : il l'enlève et le place en sûreté ; entraîne tout ce qui se trouve près de la porte , exhorte ses frères d'armes , et parvient ainsi à en sauver un grand nombre des flammes.

Il avait coutume de dire, pendant ces campagnes d'Allemagne, qui nous menaient à Austerlitz : « Ces victoires sont bien celles de » l'Empereur : il ne nous doit rien ; sa tête dirige, et les jambes du soldat exécutent . »

Il est de fait que nous étions maîtres de la capitale de l'Empire autrichien, sans avoir eu beaucoup de combats à soutenir, jusqu'à l'époque de cette entrée triomphale.

Le soir du passage du pont de Vienne, le Général reçut le commandement de la tête de ce pont. Avec deux bataillons il exécuta les ordres de l'Empereur ; et 2400 hommes, presque tous artilleurs, se rendirent. Le grand parc des ennemis, fort de plus de 100 pièces de canon, et autant de caissons, le tout attelé, resta également à son pouvoir.

Ce passage de pont avait été opéré avec une hardiesse et un bonheur tout en rapport avec cette époque de l'Empire. La barrière du péage une fois ouverte, les généraux et officiers autrichiens se trouvèrent mêlés avec nous, au point que l'artillerie ennemie, en batterie sur l'autre rive du Danube, n'osa tirer sur cette masse des sommités des deux armées. On fit suivre de la cavalerie et la brigade Valhubert: tout fut consommé !...

Napoléon, ayant passé le fleuve vers minuit, vint déguisé au bivouac du Général, et lui donna directement l'ordre de s'emparer de l'artillerie autrichienne. Il dirigea même l'Aide de Camp de Valhubert au milieu des canonniers ennemis, pour lui faire désarmer leurs généraux et officiers supérieurs : ce qui fut exécuté, presque en sa présence. C'est alors qu'il dit au Général Valhubert : « Ici comme à Marengo » ....

Sur ces entrefaites, un principal officier de l'Empereur d'Autriche (le Comte de Saint-Julien), se présenta. Napoléon enjoignit au Général Valhubert de n'entamer aucune conférence, et d'expédier de suite, sous l'escorte de son Aide de Camp, ce Général ennemi pour ses avant-postes. Pendant plusieurs heures, cette recherche fut inutile. Le passage inattendu du pont et la prise du grand parc, avaient disloqué les débris de l'armée ennemie, qui, espérant pouvoir se reformer sous la protection naturelle du Danube, avaient, par conséquent, fait les dispositions nécessaires pour incendier le pont de bateaux. Ainsi la réussite d'une attaque aussi hasardeuse, anéantit tous les plans du conseil aulique.

Toujours sur les instructions directes de l'Empereur, le Général marcha sur Krems, et enleva les nombreux magasins et approvisionnemens des ennemis.

Le corps russe de Bangration s'avançait à marches forcées : un engagement assez meurtrier eut lieu avec lui à Holabrunn, que ses soldats incendièrent, et Valhubert fut placé en réserve avec des grenadiers réunis. Le lendemain il se dirigea sur Brünn.

Détaché vers Malowmiervitz, afin d'observer les défilés des montagnes, il fut rappelé, et placé à l'avant-garde du Maréchal Lannes, dont le corps formait tête de colonne de l'armée.

Dans une marche, traversant un grand bourg, brûlé par les Russes, et voyant le désespoir des habitans, il leur fit distribuer, à deux pièces d'or près, tout ce qu'il possédait, en ajoutant le regret bien sincère de n'avoir pas davantage à leur donner.

Il est fâcheux de ne pouvoir entrer dans tous les détails sur sa conduite solennelle, pendant les journées qui précédèrent la grande bataille, où devait se terminer sa glorieuse existence. Son dévoûment et son affection pour ses soldats, le portèrent à écrire directement à l'Empereur, pour exprimer, avec une

BONAPARTE, PREMIER CONSUL.

Au Nom du Peuple français.

BREVET D'HONNEUR

Pour le Citoyen Roger=Valhubert. (Jean=Marie=Melon), Chef de Brigade.

BONAPARTE, Premier Consul de la République,

D'après le compte qui lui a été rendu de la conduite distinguée et de la bravoure éclatante du Citoyen ROGER-VALHUBERT (Jean-Marie-Melon), Chef de la 28.ᵉ demi-brigade d'Infanterie de ligne, qui, le 28 thermidor an 7, chargé d'enlever le Simplon, occupé par les Autrichiens et défendu par plusieurs pièces de canon, exécuta cet ordre avec le plus grand succès, fit un grand nombre de prisonniers, et résista aux diverses entreprises que firent les ennemis pour reprendre cette position;

Le 17 prairial an 8, au passage du Pô, il passa dans la première barque avec quelques soldats, et contribua, par son exemple, au succès de cette journée; le 19 du même mois, à Broni, il sauta au milieu de plus de cent Autrichiens, son audace leur en imposa: ils mirent bas les armes et se rendirent;

A Montebello, à la tête des grenadiers, il parvint à arrêter la cavalerie autrichienne;

Il se distingua par son sang-froid, à la bataille de Marengo;

Enfin, au passage du Mincio, renversé par un boulet, il se remit à cheval et continua à donner l'exemple du courage et du dévoûment;

Lui décerne, a titre de récompense nationale, UN SABRE D'HONNEUR.

Il jouira des prérogatives attachées à ladite récompense, par l'Arrêté du 4 nivôse an 8.

Donné à Paris, le quatre pluviôse an onze de la République française.

Le Premier Consul,
Signé BONAPARTE.

Par le Premier Consul,
Le Secrétaire-d'État,
Signé B. Hugues MARET.

Le Ministre de la Guerre,
Signé Alex. BERTHIER.

Scellé du grand Sceau de l'État.

vivacité et une franchise à toute épreuve, son mécontentement sur les ordres absurdes, qui lui étaient adressés, de faire mettre les armes en faisceaux, et d'établir des cuisines, sans moyens quelconques d'exécution, et en présence d'un ennemi nombreux. Napoléon, pour réponse, chargea l'Aide de Camp, porteur de sa lettre, de dire au Général Valhubert: « Que, » du moment même, il était directement sous » ses ordres, et qu'il le regardait, dans un jour » de bataille décisive, comme valant, à lui seul, » des milliers de grenadiers ».

Toute la garde à cheval et les grands officiers éprouvèrent une émotion visible en entendant ces paroles provenant de la bouche de l'Empereur, dont alors on cherchait, avec avidité, à recueillir la moindre expression. Un murmure approbateur gagna rapidement ces escadrons, qui étaient serrés en masse.

C'était à la bataille bien mémorable d'Austerlitz, que ce grand Officier Général devait trouver une mort digne de lui.

La nuit du 1.er au 2 décembre, il commandait la gauche de l'avant-garde. Ses soldats lui avaient formé un espèce de lit au bivouac qu'il occupait, et semblaient, par leurs soins, lui recommander de se ménager pour le lendemain : on jugeait bien qu'il devait y avoir une affaire générale.

Vers deux heures du matin, l'ordre du jour de l'Empereur arriva à l'avant-garde. Le Général Valhubert le fit lire à deux reprises, et dit aux soldats : « Nos feux de joie ont, » hier au soir, prouvé de nouveau à l'Empe-» reur, le désir que nous avions de lui pré-» senter un bouquet qui lui convînt. Aujour-» d'hui nous ferons de notre mieux : je vous » donnerai l'exemple en suivant, en tous points, » les ordres de notre illustre Chef ». Le brave Valhubert tint parole !...

Il était presque au centre, en avant du 2.ᵉ bataillon du 88.ᵉ régiment, et occupait la gauche de la grande route de Brünn à Olmutz, position qu'il devait défendre à tout prix, d'après l'ordre précis de l'Empereur, transmis par l'Aide de Camp Général Lemarrois : les Russes avaient dirigé des masses, afin de déborder notre gauche, et leur immense artillerie tirait sans cesse sur nos lignes, et particulièrement aux abords de la route. Son Aide de Camp, à quelques pas de lui sur la gauche, est renversé, avec son cheval, par un obus. Le naturel du soldat l'emporte, pour un instant, sur l'ordre du jour, et sur ceux du Général: quelques hommes s'avancent pour le secourir; le Général les rappelle aux devoirs....

Sans doute que, pendant le peu de secondes qu'il fallut pour le passage rapide de cet évènement, la mèche de l'obus eut le temps de brûler. Elle éclate; et un morceau énorme blesse mortellement le brave Valhubert, en fracassant presque tous les os, depuis la hanche gauche jusqu'au pied du même côté.

Des soldats s'avancent alors pour le secourir; il veut les renvoyer. Les officiers, le Colonel Curial et le Chef de bataillon lui assurent qu'il n'y aura que lui d'enlevé : il est inexorable, et veut mourir au champ d'honneur !... *Souvenez-vous*, s'écrie-t-il, *souvenez-vous de l'ordre du jour !....*

Enfin désarmé, avec la plus grande difficulté, et placé sur des fusils, il supplie qu'on l'abandonne, et enjoint aux soldats qui le portent à l'ambulance, de retourner à leurs rangs : il essaie même de les faire rougir de leur conduite... Leurs supplications sont vaines : il les prie de l'achever, s'ils ne s'empressent de regagner leurs drapeaux !... Arrivé à l'am-

bulance, il dit aux chirurgiens : « Si cette
» blessure était au moins au bras, je serais
» bientôt de retour à mon poste ».

Ce fut alors, qu'avec son calme ordinaire,
il dicta ses volontés à son Aide de Camp, en
ces termes exacts :

  « *Allez à l'Empereur ; dites-lui que, dans*
» *une heure, je serai mort. J'aurais voulu faire*
» *davantage...Je lui recommande ma famille...*»

Des milliers de blessés paraissaient oublier
leurs souffrances ; ils s'efforçaient de prendre
exemple sur ce grand homme, et ne cessaient
d'admirer sa force et son courage, qui leur
semblaient au-dessus de tout éloge.

Après un premier appareil, on le transporta
sur un brancard. Les prisonniers Russes venaient s'offrir en foule pour porter cet illustre
blessé : nos soldats ne leur accordèrent cet
honneur qu'avec le plus grand regret.

Le cortège de deuil arriva à Brünn la nuit
du 2 décembre. L'Empereur avait envoyé sur
le champ de bataille des chirurgiens de sa
garde, ainsi que tous les moyens de secours
et de transport dépendant de leur ambulance.

Valhubert fut installé dans un vaste hôtel,
où le Docteur en chef Percy, et tous ses esti-

mables camarades, rivalisèrent de zèle et d'ardeur, afin de conserver à la Patrie l'un de ses plus fermes soutiens. Efforts inutiles !... Trois jours de cruelles douleurs mirent un terme à l'existence du Héros.... Il expira, en conservant sa plus grande fermeté, et après avoir fait écrire à sa famille.

Ses restes mortels furent accompagnés des regrets de tous les militaires. Le soldat pleurait un Chef dont les sollicitudes s'étendaient vers lui; l'officier, un ami; et ses camarades, un Général admiré, tant à cause de ses rares qualités, que par la vaste étendue de son génie.

La mort de l'intrépide Valhubert fut un signe de deuil, non-seulement pour ses amis, mais encore pour sa province entière : on regrettait en lui un brave qui méritait, à juste titre, d'être surnommé *sans peur et sans reproche.*

Des détachemens de toute l'armée vinrent assister à son convoi; tous les volontaires des corps formaient une immense colonne, où les grades se confondaient. On suivait dans un morne silence : le bruit du canon, les instrumens des troupes et leurs feux répétés, donnaient à cette lugubre et imposante cérémonie, un aspect déchirant, dont le souvenir existe, mais dont l'effet ne peut se transmettre par écrit, que d'une manière imparfaite.

Ses frères d'armes placèrent sur sa tombe un marbre noir, avec cette inscription :

AU BRAVE GÉNÉRAL VALHUBERT,

TOMBÉ DANS LA BATAILLE D'AUSTERLITZ,

LE II. DÉCEMBRE M. D. CCC. V.

Nos ennemis, qui savent apprécier le courage, sauront aussi respecter, après notre éloignement, ce monument élevé a un de nos Généraux, dont le grand caractère, les vertus et les talens militaires, sont dignes de servir de modèle a toutes les nations.

Cet élan appartient à toute l'armée. Malgré que ce soient les armes victorieuses de nos guerriers, qui aient tracé ces immortelles pensées, les étrangers ont toujours eu, cependant, la plus grande vénération pour ce dépôt glorieux. Il n'est pas un corps des leurs, arrivant à la vue du monument, qui ne lui rende les honneurs militaires. Les troupes donnent alors le salut des armes, pendant que leurs instrumens de guerre font entendre des accords funèbres.

Le Général Valhubert était bien fait de sa personne : il avait une figure agréable; sa taille était proportionnée; ses manières polies et aisées. Une érudition profonde rendait sa conversation aussi intéressante qu'instructive. Son caractère doux ne pouvait l'abandonner que sur un champ de bataille, où ses facultés se réunissaient pour trouver l'art de vaincre : aussi jamais la victoire ne lui fut infidèle; toujours les troupes sous ses ordres obtinrent de grands avantages sur les ennemis.

Son seul désir était de mourir au champ d'honneur, en prouvant son entier dévoûment à la Patrie. Il avait, en conséquence, éloigné les idées de mariage, que souvent on lui avait présentées, pour vouer son existence entière à la France.

Le Général Valhubert était idolâtre de l'honneur : toutes ses actions tendaient à le rendre toujours digne de sa divinité. On peut bien dire de lui, qu'il est mort comme il a vécu !

L'Empereur nomma à Paris Place-Valhubert, celle qui se trouve en face du pont d'Austerlitz. Des peintres célèbres furent chargés de créer des tableaux commémoratifs des principales actions de cette belle existence, et le marbre dut en transmettre également les souvenirs à la postérité.

Une statue colossale, provenant du ciseau de Cartelier, et dont le travail précieux fut encouragé, sans interruption, et au nom de tous les gouvernemens, arriva à Avranches en 1829, comme le produit d'une munificence royale, envers la ville natale du grand homme. Elle nécessita de nombreuses précautions, et des efforts immenses pour son transport.

Le char majestueux, traîné par un très-grand nombre de chevaux, en traversant les divers départemens depuis Paris, fut ac-

compagné, à chaque instant, par les té-
moignages d'enthousiasme des populations....
Les groupes successifs y venaient exprimer
leurs sentimens de reconnaissance : il n'est
pas une ville où les masses n'aient envié hautement le sort réservé à Avranches. Toutes
les nuances d'opinion s'effaçaient devant le
respect dû aux souvenirs de l'illustration du
héros. Chaque journal des localités parcou-
rues, devint l'écho des plus honorables et
judicieuses pensées, recueillies dans tous les
rangs !...

Ce beau monument a été élevé, aux acclamations unanimes, sur un terrein planté
d'arbres, qui a reçu le nom de Place du
Général Valhubert.

C'est là où nos braves militaires viendront
apprendre ce que la Patrie accorde à ses
illustres défenseurs ; l'enfance, en se récréant,
saura ce qu'elle réserve à ses vertueux et
grands citoyens : ces nobles sentimens ger-
meront dans leurs cœurs, et le bras de
Valhubert leur indiquera à toujours le che-
min assuré qui conduit à la gloire !... Sur
cette belle place, les fiers débris de nos
phalanges immortelles, viendront retrouver

les noms chéris de leurs victoires ; les fa-
milles, un sujet constant de magnanimes
méditations ; et l'étranger, en admirant le
chef-d'œuvre, rendra hommage au juste tri-
but de reconnaissance nationale, pour le plus
inaltérable et sublime dévoûment !!!..

Avranches. — Imprimerie d'E. TOSTAIN, rue de l'Ile.

NOTE

DE L'ÉDITEUR.

Cᴇᴛᴛᴇ Édition de la Vie du brave Général Valhubert
a été honorée de la souscription du Roi des Français
et des Ministres, qui lui ont destiné une place dans les
bibliothèques des Écoles militaires.

Un grand nombre d'illustres personnages de Paris et
des départemens, tels que pairs, députés, généraux,
magistrats, ainsi que plusieurs étrangers, se sont
empressés d'y souscrire.

Je ne doute pas que le public n'accueille avec plaisir
cet intéressant Ouvrage, que j'ai publié dans le seul
but de rappeler le souvenir du Guerrier qui mérita
si bien de la Patrie, et sut se rendre digne, par son
courage, ses talens et ses vertus, de l'estime particu-
lière du Grand Homme qui présida vingt ans aux
destinées de l'Europe....

E. T******